L'ÉGLISE PATRIARCALE

DE JÉRUSALEM

1902

MARSEILLE

IMPRIMERIE MARSEILLAISE

39, rue Sainte, 39

—

1912

L'ÉGLISE PATRIARCALE DE JÉRUSALEM

1902

MARSEILLE

IMPRIMERIE MARSEILLAISE

39, rue Sainte, 39

—

1912

✝ IMPRIMI POTEST.

Massiliæ die 3ª 1902

M.-J. OLLIVIER, v. g.

COUDRAY, v. g.

19 november 1911.

L'ÉGLISE PATRIARCALE
DE JÉRUSALEM

Un coup d'œil sur le monde Catholique nous a montré l'Eglise de Notre Seigneur Jésus-Christ, dans ses luttes toujours glorieuses, groupant sous ses 1343 prélats, trois cent cinquante millions de fidèles épars dans tout l'univers. En effet, l'église Catholique combat et remporte des victoires sous toutes les latitudes, au milieu des païens comme au milieu des schismatiques et des protestants, et c'est la France qui fournit les deux tiers de ces soldats missionnaires qui s'en vont avec une croix pour toute arme mais ayant au cœur l'amour de Jésus qui expia et qui sauve.

Aujourd'hui jetons un regard sur une église particulière. La première qui mérite de fixer notre attention c'est l'Eglise patriarcale de Jérusalem ; elle doit nous être chère à plus d'un titre : évangélisée directement par Notre Seigneur et les premiers apôtres elle doit fixer nos regards précisément par cette longue suite de malheurs qui l'éprouvèrent durant tant de siècles et par la providentielle résurrection de sa foi, qui a caractérisé ces derniers temps.

Et d'abord son histoire.

Le grand prêtre Melchisédech, cette belle figure de Jésus-Christ, l'an 2023, fonda la ville de Jérusalem sur les montagnes du Moria et de l'Acra. Il offrait le pain et le vin en sacrifice à Dieu préludant ainsi par la figure au sacrifice Eucharistique qu'établirait Jésus-Christ en cette même ville deux mille ans plus tard : « Tu es sacerdos secundum ordinem Melchisedech ». Salem fut son premier nom c'est-à-dire *pax* la paix. Plus tard Le divin crucifié du Golgotha devait apporter la paix aux hommes coupables.

Cinquante ans après sa fondation, Salem est prise par les Jébuséens (de Jébus, fils de Chanaan qui bâtirent sur le mont de Sion une forteresse à laquelle ils donnèrent le nom de Jébus, leur père, d'où le nom de Jébusalem (vision de paix).

Josué s'empara de la ville basse de Jérusalem la première année de son entrée dans la terre promise ; il fit mourir le roi Anenisedech ainsi que les quatre rois d'Ebron, de Jerimol, de Lachis, et d'Eglon. La tribu de Benjamin eut Jérusalem dans le partage des terres de la Palestine ; les Jésubéens demeurèrent pourtant dans la ville haute, ils n'en furent dépossédés que par David huit cent vingt-quatre ans plus tard : La forteresse de Jébus devint celle de David. Sur le mont Sion fut placé le palais du roi, ainsi que le tabernacle pour abriter l'arche d'alliance. Salomon fils de David agrandit la cité de Jérusalem il y éleva sur l'ordre du Seigneur le premier temple. Cinq ans après sa mort Jérusalem était prise et pillée par Sissac, roi d'Egypte et cent cinquante ans plus tard par Joas, roi d'Israël.

Les Assyriens viennent à leur tour : Mannasses, roi de Juda est emmené captif à Babylone. Enfin, sous le règne de Sedécias, Nabuchodonosor renverse Jérusalem de fond en comble, brule le temple et transporte les Juifs qui s'en vont pleurer *super flumina Babylonis* la patrie perdue par leurs égarements. C'était l'an 3513, six cents ans avant Jésus-Christ le premier temple avait duré 470 ans .

Après les soixante-dix ans de captivité à Babylone Dieu pardonne à son peuple : Zorobabel a la permission de rebâtir le temple, et la ville de Jérusalem renaît de ses cendres, mais son temple est moins beau : il devait toutefois, ce dernier, avoir l'honneur d'être visité par le Dieu rédempteur.

Alexandre vint à Jérusalem dans le cours de ses conquêtes l'an 3583, il offrit des sacrifices au Seigneur. Après la mort prématurée de ce prince et le partage de son vaste empire, Ptolemée fils de Lagus se rendit maître de Jérusalem, et Ptolemée Philadelphe fait au temple de magnifiques présents.

Antiochus le Grand, reprit la Judée sur les rois d'Egypte il la remit ensuite à Ptolémée Evergetes, Antiochus Epiphane saccagea de nouveau Jérusalem il souilla le temple d'une statue de Jupiter... Mais les Machabées rendirent la liberté à leur pays ; ils le défendirent contre les rois d'Asie. Malheureusement Aristobule et Hircan se disputèrent la couronne, ils eurent recours aux Romains qui par la mort de Mithridate étaient devenus les maîtres de l'Orient. Pompée accourut à Jérusalem, il assiège et prend le temple, Crassus ne tarde pas à le piller.

Hircan, protégé de César, s'est maintenu dans la grande sacrificature : Antigone, fils d'Aristobule empoisonné par les pompéiens fait la guerre à son oncle Hircan, il appelle les Parthes à son secours. Ceux-ci fondent sur la Judée, entrent dans Jérusalem et emmènent Hircan prisonnier.

Hérode le grand fils d'Antipater, officier de la cour d'Hircan, s'empare du royaume de Judée, Antigone est envoyé à Antoine. Le dernier descendant des Machabées, le roi légitime de Jérusalem est attaché à un poteau, battu de verges, mis à mort par l'ordre d'un citoyen romain !

Hérode demeure seul maître de Jérusalem, la remplit de superbes monuments et Jésus-Christ vint au monde.

Le doux sauveur des hommes vint plusieurs fois à Jérusalem : il y vint, huit jours après sa naissance, verser les premières gouttes de son sang sous le couteau de la Circoncision. Il y vint plus tard à l'âge de douze ans faire l'admiration des docteurs par la sagesse de ses discours dans ses visites au temple. Il y vint surtout durant les trois dernières années de sa vie mortelle pour y prêcher et jeter les bases de son Eglise.

Il y vient enfin pour y consommer son sacrifice ; verser son sang pour la rédemption humaine. Il y vient escorté de tous ses apôtres. Le cortège gravit lentement le chemin sinueux qui conduit à la ville sainte, et voici qu'au détour du chemin, Jérusalem apparaît toute brillante de lumière de splendeur. La coupole du temple scintille de mille feux au soleil pardessus tous les monuments de la ville. Le fils de l'homme jette sur toutes ces splendeurs réunies un mélancolique regard : il pleure sur cette ingrate cité, favorisée de tant de grâces méprisées, réservée à de si terribles expiations.

« Jérusalem, si du moins en ce jour qui t'est encore donné, tu connaissais ce qui peut te procurer la paix ! mais maintenant tout cela est caché à tes regards. Hélas ! il viendra un jour où tes ennemis t'environneront de tranchées ; ils t'enfermeront et te serreront de toutes parts, ils te renverseront par terre toi et tes enfants qui sont dans ton enceinte, ils ne laisseront pas en toi pierre sur pierre, parce que tu n'as pas connu le temps où Dieu te visita ! »

Terrible prédiction !et pourtant à l'époque où Jésus-Christ parle au dimanche des rameaux dans Jérusalem régnait la plus abondante prospérité : tout y respirait l'opulence ; de riches palais,un temple splendide, des tours jugées inexpugnables parlaient en faveur de Jérusalem au cas où ses guerriers auraient de nouveaux combats à soutenir. L'œil de l'homme ne pouvait apercevoir un symptôme justifiant la prédiction divine. Mais cinq jours plus tard, une grande croix se dresse sur le Golgotha. L'humanité sera sauvée par cette croix et la cité de ce grand holocauste deviendra désormais une ville maudite à cause de ses obstinés juifs.

Mais l'Eglise Catholique est fondée dans le sang de Jésus-Christ ; Pierre prêche et baptise trois mille juifs ; il prêche encore et cinq mille convertis demandent encore le baptême.

Les persécutions commencent bientôt : les apôtres se dispersent après la rédaction du symbole de foi qui garde leur nom.

S. André prêche en Scythie, Cochilde, Grèce, Epire, Achaie, Thrace, à Bysance, Patras. Il est crucifié par Egée l'an 62 de l'ère chrétienne.

S. Jacques le majeur, fils de Zébedée et frère de St-Jean évangélise la Samarie, la Judée, la Syrie, l'Espagne.

S. Jean l'évangéliste prêche aux Parthes en Asie Mineure, à Ephèse, il est interné à Patmos où il meurt à 101 ans.

S. Philippe Bethsaïde, le premier apôtre de Jésus-Christ, après André, prêche en Scythie, à Hiéropolis en Phrygie, où il est crucifié pour s'être élevé contre l'adoration d'une vipère.

S. Barthélemy, parcourt l'Inde, en deça du Gange, prêche à quarante royaumes, entr'autres en Arménie. Il meurt écorché vif par l'ordre d'Astyage, le frère du roi Polymius converti.

S. Thomas, Galiléen, baptise les mages, va en Ethiopie, en Abyssinie, à Ceylan, en Chine, dans l'Inde où il est tué d'un coup de lance par les Brahmes à Méliapour.

S. Mathieu galiléen, va en Ethiopie rédige en hébreu le saint Evangile, où il s'attache à décrire en particulier la vie humaine du Sauveur, il institue le premier l'eau bénite. Il meurt décapité.

S. Simon, prêche en Mésopotamie, Perse, Egypte, il périt scié en deux.

S. Jude périt par la hache après avoir prêché à Edesse en Mésopotamie.

S. Mathias évangélise l'Ethiopie.

S. Pierre établit son siège à Antioche, puis à Rome d'où

il nous envoie à notre chère Provence S. Trophime avec les sept premiers apôtres des Gaules.

S. Jacques le mineur, frère de S. Jude demeure seul à Jérusalem dont il fut le premier évêque. Il était fils de Cléophas, cousin de Notre Seigneur selon la chair ; il est lapidé à 96 ans, précipité du haut du temple, achevé par un foulon.

Saint Siméon, son frère, lui succède dans le gouvernement de l'Eglise de Jérusalem ; il est crucifié à 120 ans, sous Trajan.

Hérode le Tétrarque, celui qui renvoya Jésus-Christ à Pilate et avait fait trancher la tête à St-Jean-Baptiste est exilé à Lyon par Caligula.

Pilate, gouverneur romain, vient mourir à Vienne dans le mépris public.

Agrippa, petit fils d'Hérode le grand, gouverne le royaume de Judée qui peu à peu devient une simple province romaine ; mais les Juifs ne pouvaient se résigner à perdre complètement leur indépendance ; ils se révoltèrent donc contre les romains. C'était l'heure de la vengeance divine contre ce peuple qui avait crucifié le Messie. Les armées romaines viennent donc réaliser la prédiction de Jésus-Christ au dimanche des rameaux. Elles assiègent Jérusalem, quarante ans après l'accomplissement du déicide du Golgotha.

L'investissement est bientôt si étroit que rien désormais ne peut plus pénétrer dans la cité maudite, une terrible famine se déclare : on achète, au poids de l'or, quelques tiges de vieux foin ; on mange des lambeaux de cuir, on ronge des courroies de sandales, des mères, chose invraisemblable, dévorent, dit-on, leurs propres enfants ! En un mois on traîne par une seule porte cent mille cadavres. Cependant les Juifs séduits par leurs faux prophètes résistent toujours. L'assaut général est alors ordonné et Jérusalem, la déicide, s'engloutit dans les flammes, le désespoir de ses habitants et la rage des assiégeants. Il ne resta pas pierre sur pierre, onze cent mille juifs périssent en ce siège mémorable et les survivants furent et demeurent aujourd'hui encore dispersés dans le monde entier.

Le temple fut brûlé trente huit ans après la mort de Jésus-Christ. Adrien acheva de détruire ce que Titus avait laissé debout ; une cité païenne (Aélia Capitolina) s'éleva désormais sur les ruines de Jérusalem;le mont du Calvaire fut enfermé dans la nouvelle enceinte et l'Eglise Catholique recommença ses conquêtes en la nouvelle ville:sous Dioclétien, un martyr d'Aélia disait au gouverneur, qu'il était de Jérusalem (nom conservé parmi la population chrétienne) et ce gouverneur demande où se trouve cette ville ? tellement on avait perdu le souvenir de l'ancienne capitale des juifs. Mais le Christianisme se montre au grand jour avec Constantin : Hélène, sa mère, renverse les idoles élevées sur le sépulcre du Sauveur, consacre tous les lieux saints par des édifices qui se voient encore. Une statue de Vénus souillait le Calvaire et une statue de Jupiter dominait le Saint-Sépulcre. Hélène avec l'évêque de Jérusalem, Malcuin cherche la croix de Jésus-Christ sur le Calvaire, un tremblement de terre miraculeux,une fissure du sol indiquent dans la partie orientale du Golgotha la terre qui a recueilli les croix, les inscriptions et les clous, la lance, à 50 pas au-dessous du sommet.La guérison d'une pauvre malade fait distinguer la croix de Jésus-Christ. Ce fut l'origine de la fête de l'invention de la Sainte-Croix, fixée au trois mai.

Trente-sept ans plus tard Julien l'apostat pour faire mentir les prophéties divines, rassemble les juifs à Jérusalem et leur ordonne de rebâtir leur temple. Mais des globes de feu sortent des fondements, a demi-creusés, dispersent les ouvriers. Sous Justinien, l'an 501, l'Eglise de Jérusalem est élevée à la dignité patriarcale, mais ces temps heureux ne durent pas : Cosroes, roi des Perses, l'an 613, s'empare de Jérusalem, il emporte comme trophée de ses victoires, la croix sanglante du calvaire. Héraclius battit Cosroes, l'an

627, la croix est reconquise, replacée à Jérusalem. Mais neuf ans plus tard un nouvel ennemi surgit : le calife Omar, troisième successeur de Mahomet, s'empare à son tour de Jérusalem après un siège de quatre mois. La Palestine, l'Egypte connurent désormais le joug de l'Islam !

Omar cependant respecta la croix et l'église du Saint Sépulcre ; mais il bâtit sur les ruines du temple juif une mosquée qui subsiste encore, la fameuse mosquée d'Omar.

Il est assassiné l'an 643 à Jérusalem.

L'établissement de plusieurs califats en Arabie, Syrie, la chûte de la dynastie des Omniades, l'élèvation de celle des Abassides remplirent la Judée de troubles et de malheurs pendant plus de deux cents ans.

Jérusalem appartient successivement à Ahmed, turc touloumède d'Egypte ; aux califes de Bagdad l'an 905 ; au turc Mahomet-Ikhséhid l'an 936 ; à Ortok l'an 984 ; à Mostali, calife d'Egypte, à Hakem calife fatimite.

L'Eglise Catholique avait bien souffert sous ces dominations diverses de l'islam. La période des croisades arrivait heureusement pour lui accorder quelques consolations et un peu de gloire.

Godefroy parût sur les frontières de Palestine l'an 1099. Il était entouré de cette phalange d'illustres chevaliers enthousiasmés par les prédications de Pierre l'ermite ; ils s'emparèrent de Rama d'abord, entrèrent ensuite dans Emmaüs, Bethléem, et enfin à Jérusalem le 15 juillet 1099, à trois heures de l'après-midi, un vendredi.

Godefroy de Bouillon fut élu par ses frères d'arme roi de la cité conquise. Il refusa pourtant de porter une couronne d'or à Jérusalem où Jésus Christ ne porta qu'une couronne d'épines ; il s'intitula modestement baron du Saint-Sépulcre, et meurt à Jaffa; il eut pour successeur son frère Baudoin, comte d'Edesse, et en 1118, son neveu, Baudoin du Bourg.

Mélisandre fille aînée de Baudoin II, épousa Foulque d'Anjou qui devint ainsi roi de Jérusalem l'an 1130. Foulque meurt d'une chûte de cheval en 1140, et son fils Baudoin III lui succède. C'est sous son règne de 20 ans, que St-Bernard prêcha la 2e croisade conduite par Louis VII et l'empereur Conrad ! Après Baudoin III, Amaury son frère règne onze ans mais Baudoin IV, son fils vit arriver Saladin l'an 1188 et Jérusalem succombe sous ses efforts. L'Eglise du Saint Sépulcre est cependant rachetée par les Syriens pour une forte somme d'argent.

L'an 1242, l'émir de Damas, Saleck-Ismaël s'empare de Jérusalem et la rend aux princes chrétiens. Nedj-Meddin, soudan d'Egypte, la leur dispute, s'en empare avec ses Karismiens. Tous les habitants sont massacrés !

Frédéric II fait la paix avec le soudan Saley Ayoul, Jérusalem est partagée entre les musulmans et les chrétiens.

En 1291 les chrétiens sont définitivement chassés de la Palestine après s'être maintenus 192 ans dans leurs conquêtes. Cependant dès l'an 1257, soixante neuf ans après la prise de Jérusalem par Saladin les franciscains viennent visiter le Saint-Sépulcre ; ils s'en constituèrent les gardiens définitifs en 1342.

La Palestine, la terre promise jadis à Israël où coulaient des ruisseaux de lait, et de miel, hélas, elle est devenue stérile après tant de dévastations.

Jérusalem a été prise, saccagée dix-sept fois ; des millions d'hommes ont été égorgés dans son enceinte, nulle autre ville n'a connu un pareil sort ; aussi les champs incultes ont fini par perdre leur fécondité, les sources ont été ensevelies sous les éboulements successifs.

Les soudans Baharites demeurèrent maîtres de Jérusalem jusqu'en 1382. Alors les mameluks circassiens usurpèrent l'autorité en Egypte.

Selim en 1716 s'empare de l'Egypte, de la Syrie, c'est donc Jérusalem sous le croissant turc, et c'est sous cet empire que l'Eglise Catholique doit lutter pour reconquérir les âmes à Jésus-Christ !

Toutefois le fanatisme turc s'émousse avec les siècles et l'Eglise catholique jouit aujourd'hui à Jérusalem d'une tolérance qu'elle ne rencontre pas en certains royaumes réputés pourtant chrétiens, comme la France.

De Saint Jacques le Mineur premier évêque de Jérusalem en l'an 35 à Juvénal premier patriarche en 418 nous comptions 43 évêques de Jérusalem, (15 d'origine juive et 28 de naissance païenne).

De l'an 418 à l'an 1099, époque de la prise de Jérusalem par Godefroy de Bouillon, nous comptons 45 patriarches : ce sont des évêques d'origine grecque. Siméon II, le dernier meurt à Chypre.

De l'an 1099, à l'an 1291, 22 patriarches latins. De 1291 à 1369, dix patriarches honorifiques sans résidence. L'Eglise de Jérusalem est absolument désorganisée. De 1369 à 1845 les franciscains s'implantent à Jérusalem pour la garde des saints lieux. Glorieux apanage, du à la piété de Saint-François qui avec 12 de ses premiers disciples tenta le pélerinage de Jérusalem. Depuis le treizième siècle, les franciscains gardent et défendent le Saint-Sépulcre : 4.000 d'entre eux ont péri dans cette lutte incessante de 700 ans, contre les mahométans et les schismatiques. On les a tués pour s'emparer du Cénacle, du tombeau de la Vierge, du berceau de Jérémie ; ils ont empêché les schismatiques Arméniens de s'emparer de Bethléem. Ils vivent sous le protectorat de la France et comptent des religieux de vingt-trois nationalités diverses.

La Custodie franciscaine de Jérusalem relève immédiatement du Saint Siège, elle comprend cent pères, répartis en 22 couvents où, ils exercent les fonctions curiales auprès des fidèles qui habitent autour. Ils ont deux collèges avec 460 élèves. Les capitulations de 1673, et de 1740 garantissent aux franciscains la possession des lieux saints. La population catholique n'était que de 11.000 âmes quand Pie IX en 1845 eût la sublime pensée de réssusciter le patriarcat de Jérusalem emporté dans l'écroulement du royaume latin de 1291.

Pil IX sacre lui-même Monseigneur Valerga, le vaillant missionnaire de Mossoul. Il n'y avait alors à Jérusalem que 2 prêtres séculiers et 10 églises ou chapelles.

En 1871, Monseigneur Valerga consacre son église patriarcale, fait inouï ! depuis les Croisades, il n'y avait plus eu de consécration d'église à Jérusalem, ni de procession.

La construction d'une église patriarcale était bien nécessaire, commencée en 1861 elle fut achevée le premier février 1871. Après 24 ans d'épiscopat, Monseigneur Valerga a cette gloire de consolider la résurrection du patriarcat latin de Jérusallem par la création de ce centre de vie catholique autour duquel toutes les œuvres du patriarcat viennent se grouper. Cette église n'est pas la Cathédrale ; l'église du Saint-Sépulcre demeure toujours la première église de Jérusalem, mais la nécessité de partager avec les diverses confessions l'usage de l'Eglise du Saint-Sépulcre, obligea le patriarcat à cette construction pour la décence et la liberté du culte catholique.

L'Eglise patriarcale de Jérusalem groupe 133 missionnaires, 29 prêtres indigènes, 63 églises ou chapelles, 64 écoles, plusieurs hôpitaux, orphelinats, une école des arts et métiers à Bethléem.

Le séminaire patriarcal, créé en 1851 à Beitjalla a donné déjà une vingtaine de prêtres. Il compte trente élèves. Les difficultés pour trouver des missionnaires européens, à cause du climat et de la langue arabe, avaient engagé Mgr Valerga a créer un séminaire. L'action d'un clergé indigène se fait de jour en jour plus vivement sentir, il multiplie les rapports du clergé avec la population fidèle et facilite les rapports avec le gouvernement turc.

A la mort de Mgr Bracco donné comme coadjuteur

en 1866 avec le titre d'Evêque de Maggida et patriarche en 1852, le chiffre des catholiques, monta de 4.000 à 13.500 et le nombre d'églises s'éleva de 10 à 36.

C'est Mgr Piavi qui fut nommé en 1889 successeur de M. Bracco, le troisième patriarche depuis la résurrection de 1847.

En 1902 le patriarcat de Jérusalem compte en la ville et ses dépendances trente-trois paroisses dont onze desservies par des franciscains de terre sainte. Il y a douze chanoines du Saint Sépulcre pour constituer le chapitre de l'Eglise patriarcale.

Voici la liste des congrégations religieuses et de leurs œuvres à Jérusalem.

Les franciscains, cordeliers, au Saint-Sépulcre, à Saint-Sauveur, au sanctuaire de la flagellation à l'hospice de Casa Nova etc., à Getsémani : 180 religieux.

Les Dominicains, à Saint-Etienne, hôpital et école d'études bibliques.

Les Carmes, 19 religieux.

Les Sœurs de Sion depuis 1852 au sanctuaire de l'Ecce homo, 39 sœurs en 2 maisons, 6 orphelinats juifs, dont 80 enfants de Jérusalem. Les frères des écoles chrétiennes : 16 frères en 3 maisons, 210 élèves.

Les tertiaires de Saint-François : 6 sœurs.

Les sœurs de Saint-Joseph : écoles, orphelinats (9 maisons), hôpital piellat, 43 sœurs. Les sœurs de Saint-Vincent-de-Paul depuis 1886, 14 sœurs, pour dispensaire, hôpital d'incurables, crêche d'enfants trouvés, 116 orphelines, 40 vieillards.

Sœurs allemandes de Saint-Charles, 8 religieux.

Les dames de Nazareth, 31 religieuses.

Les sœurs franciscaines italiennes.

Les sœurs de Marie réparatrice, 9 sœurs.

Les sœurs clarisses au Mont-Sion.

Les sœurs arabes du rosaire, 9 maisons, 23 religieuses.

Les pères blancs de Mgr Lavigerie à l'Eglise de Sainte-Anne cédée à la France après la guerre de Crimée : 16 missionnaires depuis 1876 se dévouent à la formation de 140 séminaristes de l'Eglise grecque Melchite.

Les Trappistes de Notre-Dame-des-sept-Douleurs à El-Alkroum, entre Jérusalem et Jaffa.

Les religieuses Carmélites sur le mont des Oliviers à la chapelle du pater, écrit en 32 langues, fondation de la princesse de la Tour-d'Auvergne.

Les religieuses sacramentines.

Les Bénédictines du Calvaire : orphelinat pour les jeunes filles grecques melchites, sur le mont des Oliviers.

L'établissement de Dom Belloni : œuvres, patronage, 125 internes, 250 externes, à Bethléem.

Notre-Dame-de-France où les pères de l'Assomption, Augustins, reçoivent les pélerins français.

L'enseignement catholique est donné à Jérusalem en 34 écoles de garçons (2.000 enfants) et 30 écoles de filles (2.304 filles).

L'école agricole de Bet Germil, compte 63 enfants, l'orphélinat juif du P. Ratisbonne pour les jeunes filles converties (57 enfants), l'école professionnelle franciscaine : 39 enfants.

Voici enfin la progression catholique en le dernier siècle.

En 1800	3000 catholiques	
1898	4200	10 églises
1868	6757	
1878	11000	
1890	13620	36 églises
1900	50000	63 églises

63 églises pour tout le diocèse de Jérusalem ! Courage, mais prières car sur la population totale du pachalik de Jérusalem (850.000 habitants à peu près), il y a à convertir encore 150.000 hérétiques ou schismatiques, 300.000 juifs, et 350.000 msulmans ! L'église catholique a donc bien rai-

son de gémir cette prière à la fin des leçons de la semaine sainte : Jérusalem, Jérusalem, Jérusalem *Convertere ad Dominum Deum Tuum.* Il y a 28.000 juifs à Jérusalem seulement. Les protestants sont quelques centaines à Jérusalem, on leur a donné pour temple Sainte-Marie-Latine qui avait été fondé par Charlemagne. Ils ont 18 établissements à Jérusalem.

Les Syriens catholiques n'ont malheureusement par d'église spéciale à Jérusalem. Les Jacobites en ont une.

Nazareth sur une population totale de 6.000 habitants compte 800 latins, 30.000 grecs, 100 protestants, 200 musulmans seulement. C'est dire que Nazareth est chrétienne.

Sur la population totale des catholiques de Jérusalem nous comprenons 5.500 grecs melchites, 5.5000 maronites qui reconnaissent l'autorité de Rome.

Le diocèse de Jérusalem comprend des missions à Beitjella, Gifneh, Ramatla, Bezeth, Batzahoum, Naplouse, Taibal, Jaffa, Salt et autres lieux qu'il serait trop long d'énumérer. A Tripoli les franciscains desservent une église. Dans le hauran, il y a 3.000 catholiques, dans le Salt, 4.000 catholiques.

Terminons par une visite à Jérusalem.

Ses remparts crénelés lui donnent un aspect imposant. A gauche, le mont des Oliviers, verdoyant, cultivé, en terrasses, à 100 mètres d'altitude.

La ville forme un carré dont l'angle Sud est occupé par l'ancienne plate-forme du temple de Salomon : en haut, les formidables créneaux de la tour Hippicus, deux grandes coupoles, celle du Saint-Sépulcre à l'Ouest, celle d'Omar à l'Est, en bronze verdâtre, surmonté d'un gigantesque croissant d'or. Les remparts ont des portes qui datent du temps des Croisades, d'autres plus anciennes remontent à Hérode, à Salomon. Les ramparts ont quinze mètres de haut.

La porte de Damas, ou d'Hérode est dans la muraille septentrionale, aujourd'hui de construction arabe, avec deux avant-corps surmontés d'une série de machicoulis couverts, dominés par de légers créneaux. C'était jadis la porte d'Ephraïm : de cette porte les juifs se précipitèrent vainement sur Titus ; un peu à l'Est était la tour de bois qui permit à Godefroy de s'élancer sur les remparts. La porte d'Hérode est près de la grande tour carrée qui domine toute la ville.

Au Sud, la vaste esplanade de la mosquée d'Omar, dont les faïences émaillées, les mosaïques coloriées et les dômes de bronze étincellent au soleil. Le terrain s'abaisse vers la vallée de Josaphat, la muraille tourne brusquement du Nord au Sud, c'est la vallée du Cédron qui commence au mont Scopus et se termine au Sud-Est, à la Mer Morte, dans sa partie supérieure, c'est la vallée de Josaphat.

De l'autre côté, le mont des Oliviers, une mosquée sur les ruines de l'église de l'ascension. De ce côté des remparts on voit des soubassements d'une haute antiquité, énormes pierres longues de plusieurs mètres admirablement jointes et taillées en losange. La porte Saint-Etienne aboutit à une grande voie qui traverse la ville de haut en bas et conduit à la vallée de Cédron, à l'église du tombeau de la Vierge. Entre cette porte et l'angle Sud s'étend l'enceinte qui servait à protéger la ville, à soutenir les terrassements du temple d'Hérode. Là les assises salomoniennes sont encore visibles, pierres énormes dont les assemblages sont parfaits, et dont la taille a bravé l'influence des temps, le vandalisme des hommes. Au milieu de ce rempart la porte dorée à double arceau hermétiquement fermée. Vers l'angle sud, la porte de Sion, surmontée de rosaces, d'entrelacs gracieux. D'ici l'on aperçoit le Cénacle. Voici la citadelle, ensemble des tours d'Hippicus, de David, de Phasael et de Marianne. Là la porte de Jaffa qui conduit au quartier chrétien : elle est située au Nord-ouest, entre les portes de Damas et de Jaffa .

Quelques belles constructions : le couvent latin avec une imprimerie, les divers consulats, les missions, les banques, les hôtels, rues larges et propres. Les Catholiques habitent près du couvent latin : ce sont des Syriens convertis à l'époque des croisades. Les chrétiens du rite grec, viennent des îles de l'archipel, ils occupent le monastère de Constantin près le St-Sépulcre et plusieurs couvents, hotelleries dans le quartier juif. Les Grecs ont encore quatre couvents dans les environs qui relèvent des trois vicaires du patriarche grec de Constantinople. Le quartier musulman est au centre, sur le mont Acra, peuplé d'Arabes syriens, africains, nègres au burnous blanc, bedouins d'Hébron.

Le quartier arménien est au sud-ouest, près du Cénacle dans la partie occidentale du mont Sion. Les Arméniens viennent du Caucase, possèdent l'Eglise St-Jean, sept couvents et quelques écoles.

Il n'y a à Jérusalem qu'un petit nombre de coptes ,d'abyssins.

Le quartier juif est sur la partie orentale du Mont Sion ces juifs viennent de Pologne, d'Allemagne, d'Espagne. Ils sont commerçants, changeurs.

Transportons-nous par la pensée sur le Mont Sion : objet de tant de vénération, de regrets et d'amour. Autour de nous, trois ruines fameuses amoncèlent leurs décombres. Le Palais de David, le Cénacle, la maison de Caïphe. A nos pieds la vallée de Ben-hennen, le champ du sang, le mont du mauvais conseil, les tombeaux des juges d'Israël, le désert ensuite qui s'étend jusqu'à Hébron, Bethléem.

Allons visiter le Cénacle : David et ses guerriers habitèrent jadis le Cénacle : les merceuaires du berger de Bethléem s'y exerçaient au maniement des armes. L'arche d'alliance y séjourna trois mois. Michée y trouva un asile et y écrivit ses prophéties sur un sacrifice nouveau. Les grands bâtiments du cénacle appartenaient au temps du Sauveur à Joseph d'Arimathie et ce fut vers celui-ci que se rendirent les disciples de Jésus-Christ chargés de préparer la Pâque dans une salle bien ornée. Ste Hélène bâtit ici une basilique de 44 mètres de long et de 33 mètres de large : elle fut ruinée par les Sarrasins. Le Cénacle vit l'insttution de la Très-Sainte Eucharistie la descente du Saint-Esprit sur les apôtres, la consécration de St-Jacques, le premier évêque de Jérusalem, l'élection de St-Mathias.

Et pourtant en 1836, il y avait trois siècles que l'on ne pouvait plus dire la Messe en ce lieu sacré.

Mgr. Auvergne obtint cette faveur.

Du temps des croisades, les chanoines réguliers de Saint Augustin s'y installèrent, plus tard les franciscains y avaient un de leur couvent de Terre Sainte.

Ils disparurent dans un massacre général, leur sang ruissela sur les dalles qui avaient vu Jésus agenouillé aux pieds de ses apôtres.

Le jardin des Oliviers est à une demie lieue du Cénacle. Là était une grotte où Jésus se retire après s'être séparé de ses apôtres, là Jésus souffre cette agonie mystérieuse, digne prélude de sa douloureuse passion. Le jardin de Getsémani appartient aux pères franciscains, il est situé sur le bord même, du torrent de Cédron, mesure 70 pas de long sur 50 de large. Une porte basse en fer y donne accès un parterre riant s'étale au-dessous des huit oliviers dont les siècles ont respecté la couronne vénérable : des rejetons nombreux, sans fins, renouvelés, soutiennent en l'étersant leur vieillesse ; chaque olivier forme moins un arbre qu'un groupe d'arbres. La grotte de l'agonie est à peu près ronde : elle est restée abrupte : aucun marbre ne revet la roche crayeuse et friable dont un pilier central soutient la voute. L'emplacement sur lequel le Sauveur tombe la face contre terre est indiqué protégé par un autel. La colonne indique l'endroit où Judas livra par un baiser le Sauveur aux soldats de Caïphe.

Suivons maintenant la voie douloureuse ; entrons dans Jérusalem par la porte sterquilinaire ; désormais Jésus est garotté entouré des soldats de Caïphe et condamné. Il parcourt une distance de mille mètres du jardin de Getsémani à cette porte. Montons avec lui au Mont Sion. La maison du pontife Anne est occupée par un couvent de religieuses arméniennes. Là Jésus-Christ subit un premier interrogatoire. Le petit oratoire qui occupe la partie la plus reculée en cette église indique l'endroit où le Sauveur fut souffleté ! Anne le fait garotter avec une nouvelle barbarie et l'envoie à Caïphe son gendre. La maison de Caïphe est remplacée aujourd'hui par un couvent arménien. Ce couvent est précédé d'une cour, au centre de laquelle j'aperçois une colonne surmontée d'un coq, c'est l'endroit du triple reniement de Saint-Pierre. Ici Jésus passe la nuit du jeudi saint au vendredi saint, nuit affreuse pendant laquelle Jésus est livré à une soldatesque insensée qui l'abreuve d'outrages, l'accable de coups. La loi juive obligeait de renvoyer au lendemain la condamnation à mort.

D'ici rendons-nous au palais de Pilate : il attenait jadis à la Tour Antonia, il devint la résidence des pachas de Jérusalem ; partagé ensuite entre les franciscains propriétaires de la chapelle de la flagellation et les damés de Sion qui possèdent l'arc *de l'ecce homo.* Ici donc retentirent les cris des juifs : *Crucifigatur.* Ici il fut comparé à Barrabas ! Pilate résiste encore, mais la politique l'emporte sur son cœur : « si vous ne le crucifiez pas vous n'êtes pas l'ami de César » et Pilate cède il ordonne que Jésus soit flagellé. Cette chapelle de la flagellation appartient aux franciscains : Trois autels en décorent le fond : des femmes prosternées, des hommes recueillis baisent avec un profond respect une place indiquée sur le sol : cet endroit, primitivement la cour voisine du prétoire, située en dehors de l'enceinte du palais se trouvait du côté opposé à celui où stationnait la foule hurlante des juifs. Une colonne y était au centre : on y liait le malheureux condamné au supplice de la flagellation ; des escouades de bourreaux se tenaient toujours prêts à exécuter les sentences. Là Jésus fut donc flagellé. La colonne a disparu d'ici : un tronçon est vénéré à Rome en l'église de Sainte Praxède, l'autre tronçon est dans une chapelle de l'Eglise du Saint Sépulcre.

Jésus est donc flagellé, couronné d'épines ramené devant Pilate et gravit à cette fin l'escalier de 28 marches qui garde encore dans son marbre les taches de sang de la flagellation. Cet escalier a été transporté à côté de Saint Jean de Latran dans une construction particulière où on le gravit à genoux.

Ici à côté est le couvent des dames de Sion, monastère fondé par le père Ratisbonne, juif converti, ce couvent renferme l'arc de *l'Ecce homo*. Ici donc Jésus couvert de blessures et de sang est présenté au peuple par Pilate : *Ecce homo* ! A peu de distance de l'arcade, on voit l'emplacement du siège de pierre où s'assit Pilate pour la condamnation à mort de Jésus-Christ. Un étroit enfoncement de quatre mètres, de profondeur, creusé dans le rocher est désigné comme ayant servi d'asile à Jésus-Christ, tandis que l'on préparait la croix.

Le sinistre cortège se remet en marche, sort par la porte judiciaire gravit la rampe du calvaire, distant à peine de treize cents pas. Franchissons cette distance: ici une colonne de marbre rouge rappelle la première chûte du Sauveur portant sa lourde croix, cinquante pas plus loin, l'église arménienne catholique du spasme marque l'endroit où Marie attendit son divin fils. Elle veut se précipiter vers lui, les bourreaux lui barrèrent le chemin ; elle le voit tout sanglant, couvert de plaies, entend de cette bouche décolorée cette seule parole ; *salve mater* Mère, je vous salue. Alors, dit Saint Anselme la vierge tomba à demi morte dans les bras de Saint Jean qui, comme elle, suivait Jésus sur le Calvaire. La foi avait honoré d'un monument, la place où coulèrent les larmes de Marie, L'Islamisme le renversa : on voulut utiliser ces ruines qui devinrent un de ces établissements de bains dont les arabes sont prodigues mais tous les baigneurs y tombaient malades.; les thermes arabes furent alors transformés en écurie, mais, tous les chevaux y périssaient, on abandonna donc ces constructions funestes qui rachetées aujourd'hui par les arméniens sont devenues une belle église romane, l'église du Spasme.

Plus loin, une simple entaille dans le mur indique la place où Jésus affaibli est aidé de Simon Le Cyrénéen dans le porte de sa croix. La route fait alors un coude, se dirige vers le nord : là s'élevait jadis le palais de Nabel, le mauvais riche qui refuse à Lazare un morceau de pain.

Tournons à droite, reprenons la direction du couchant, Jésus rencontre Véronique : entendant le tumulte causé par les soldats cette femme héroïque sort de sa demeure et voyant le divin condamné, aveuglé par le sang, la boue et les crachats, prend un voile de fine laine blanche et s'agenouillant devant Jésus-Christ lui essuie la face. La maison de Véronique est la propriété des Grecs Catholiques.

Un peu plus loin, Notre Seigneur rencontre les saintes femmes qui pleurent sur sa passion et Jésus toujours charitable s'arrête devant elles pour les consoler : ne pleurez pas sur moi, mais plutôt sur vous et sur vos enfants ». Un tronçon de colonne consacre cet endroit.

Nous voici à l'Eglise du Saint Sépulcre. Ici la lumière ardente des lampes lutte difficilement avec l'ombre dans laquelle se perdent les nombreuses chapelles qui entourent la grande coupole, ombre rendue plus opaque, plus mystérieuse par les nuages d'encens qui s'exhalent à toute heure des encensoirs dont s'entourent les autels.

L'église du Saint Sépulcre composée de plusieurs chapelles, évidemment bâties sur un terrain inégal, est singulièrement mystérieuse, il y règne une obscurité favorable à la piété. Les prêtres chrétiens des différents rites habitent les diverses parties du temple : du haut des arcades où ils se sont nichés comme des colombes, du fond des chapelles et des souterrains, ils font entendre leurs cantiques à toutes les heures du jour et de la nuit : l'orgue du cordelier, les cymbales du prêtre abyssin, la voix du caloyer grec, la prière gémissante de l'arménien, les plaintes du moine copte frappent tour à tour votre oreille. Un grand dôme surmonte la tombe vide de Jésus-Christ : il est à ciel ouvert, pour rappeler la résurrection glorieuse. Les derniers cèdres du Liban servirent à former sa charpente qui rappelle Saint Pierre de Rome. Chaque chapelle appartient à une nation différente. Les catholiques latins possèdent le Sépulcre, le mont du Calvaire, les fils de St-

François d'Assises le stigmatisé viennent vivre et mourir près du tombeau de Jésus-Christ. Les Grecs officient dans le grand Chœur ; la chapelle de l'impropère est laissée aux Abyssins ; on a permis aux coptes de construire un petit oratoire près du Saint Sépulcre ; la chapelle de Sainte Hélène, est la propriété des Arméniens. Les Syriens jacobistes gardent l'oratoire où Jésus-Christ apparut à Madeleine, les grégoriens gardent la grotte où Jésus-Christ attendit les derniers apprêts de sa crucifixion. Ainsi chaque religieux de ces diverses natons officie et prie dans sa chapelle, habite des cloîtres groupés autour de l'église, ils ne sortent jamais de la vaste enceinte du Saint Sépulcre dont l'extrême fraîcheur est malsaine, et use vite les forces humaines. Le personnel des religieux du Saint Sépulcre est renouvelé de temps en temps par les supérieurs soucieux de leur santé, mais quelques-uns refusent d'abandonner ces cloîtres, ils veulent mourir à l'endroit où l'humanité fut rachetée.

Lorsque Constantin abatit les temples d'idoles élevés ici dans la pensée d'effacer de la mémoire des hommes le souvenir de la mort de Jésus-Christ, le premier soin des fidèles fut de débarrasser le sommet du Golgotha pour vénérer le rocher creusé à un pied et demi où fut dressé la croix de Jésus Christ. Celle de Dismas était au septentrion, de telle sorte que le coupable, qui devait s'entendre encourager et consoler par Jésus-Christ, se trouvait à sa droite, tandis que Gesmas, dont la bouche vomissait encore des malédictons, et des blasphèmes occupait la gauche du Sauveur. Cinquante lampes brûlent dans cette église divisée en deux par une double arcade. Du côté du Nord on vénère l'endroit où Jésus-Christ fut cloué sur la croix, allongée sur le calvaire ; dans la seconde partie est la cavité dans laquelle les bourreaux, après avoir cloué leur victime firent tomber la croix avec un violent effort. C'est ici donc que Jésus rendit le dernier soupir...

Mais entendez l'orgue s'éveiller dans les profondeurs de l'église, pour accompagner d'une façon large et magistrale les chants sacrés de l'Eglise rappelant le souvenir des douleurs du Christ. La voix lointaine des moines franciscains s'élève désolée comme une lamentation et les vapeurs de l'encens emplissant les chapelles rappellent les aromates apportés par les saintes femmes pour l'embaumement du corps de Jésus-Christ, C'est l'heure de la procession quotidienne des franciscains qui viennent, pieds nus, une corde aux reins, un lourd cierge de cire à la main vénérer le Golgotha : les vêpres achevées, ils viennent accomplir leur pieux pélérinage aux diverses stations de la Passion. Ils commencent par la chapelle qui garde un tronçon de la colonne de la flagellation. Les moines visitent ensuite la prison de Notre-Seigneur, sorte de réduit sous le rocher, où le divin condamné attendit sa dernière préparation à son crucifiement. Ils s'arrêtent ensuite à l'endroit où s'accomplit cette prophétie : ils ont partagé entre eux mes vêtements, ils ont jeté ma robe au sort ». Ils vénèrent ensuite les deux chapelles de l'invention de la croix, de sainte Hélène, situées sous la roche du calvaire ; s'arrêtent devant la colonne de l'outrage tronçon de marbre sur lequel Jésus dût s'asseoir pour être couronné d'épines. La procession reprend ensuite sa marche vers le sommet du calvaire elle monte avec lenteur redisant ce sublime *vexilla regis* dont l'impression dans l'âme est inexprimable quand il est chanté sur le calvaire même et à mesure que la procession gravit les marches du Golgotha la voix des moines devient plus désolée. L'orgue semble pleurer ses longs arpèges et répondre à la psalmodie douloureuse par de larges et sourds accents. Des soupirs et des sanglots se mêlent aux paroles sacrées, aux plaintifs accords. Rien ne peut affaiblir dans l'âme les sentiments de compassion immense et de profond amour que ces religieux ressentent pour le Dieu, qui au moment où il consommait son sacrifice pensait à ceux qui plus tard viendraient pleurer sur son tombeau. Quelques-uns de ces religieux n'ont pas franchi depuis 40 ans le seuil de leur église. Leur vie s'y consume en même temps que ces lampes ardentes. Loin de s'amoindrir, leur ferveur croît à mesure qu'ils approchent du terme de leur exil. De grosses larmes roulent sur leurs joues caves, tandis que des sanglots s'échappent de leur poitrine. Les fils de Saint François enveloppés de leur robe sombre, le front ceint d'une mince couronne de cheveux, rappelant le diadème ignominieux de Jésus-Christ, montent pourtant toujours vers le sommet du calvaire : « O arbre de la croix, chantent-ils arbre brillant, paré de la pourpre des rois, ici tu portes, heureuse croix le corps d'un Dieu, ici comme une balance tu pesas la rançon du monde racheté ». Et la procession pénètre enfin en la chapelle du crucifiement suivons-la. Contemplons au milieu de ces chants et de ces sanglots le crucifix qui domine l'autel. Ne vous semble-t-il pas voir encore palpiter cette chair déchirée par des plaies vives. Ne croyez-vous point voir encore couler ce sang du front divin, sous la couronne d'épines aiguës, les cheveux collés aux tempes s'épandent, raidis du sang coagulé sur ses épaules brisées, la poitrine du Sauveur paraît se soulever encore sous de douloureux soupirs, et ces doigts crispés sont ramenés violemment vers la paume de la main par la tête des clous, et ces pieds tordus sur la planche qui les supporte semblent encore laisser couler de rouges ruisseaux dont s'abreuve la terre.

O Jésus Sauveur vous qui avez dit à votre père : pardonnez-leur, ils ne savent ce qu'ils font » pardonnez au juif aveugle, au schismatique égaré, au musulman halluciné : Jérusalem *convertere ad dominum Deum nostram.*

Impossible de séjourner longtemps sur le Calvaire. Les franciscains achèvent leur procession par la visite de la pierre de l'onction, voisine de la grande porte d'entrée de l'Eglise du Saint Sépulcre. C'est la pierre en marbre rouge et blanc sur laquelle le corps de Jésus fut déposé quand il fut descendu de la Croix.

La procession se termine au seuil du Saint Sépulcre, devant ce tombeau dont plusieurs générations chrétiennes disputèrent la possession à l'Orient qui a fini par le garder hélas, sous le protectorat de l'Islam !

IMPRIMERIE MARSEILLAISE, RUE SAINTE, 39.